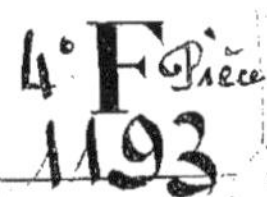

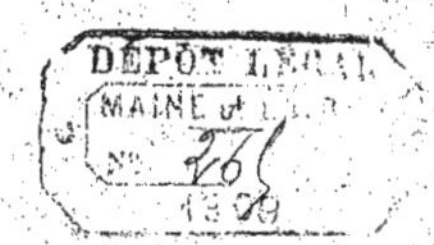

NOTICE

Sur le projet de loi relatif à la responsabilité pécuniaire

des juges pour faute lourde professionnelle

Voté, par le Sénat, le 2 Mars 1909

Soumis, actuellement, à la Chambre des Députés

PAR

C. EUSTACHE de la COCHARDIÈRE de la MARCHE

ANCIEN NOTAIRE A MAYENNE

ANGERS

IMPRIMERIE TYPOGRAPHIQUE P. DESNOES

26, Boulevard du Château, 26

—

1909

NOTICE

Sur le projet de loi relatif à la responsabilité pécuniaire

des juges pour faute lourde professionnelle

Voté, par le Sénat, le 2 Mars 1909

Soumis, actuellement, à la Chambre des Députés

PAR

C. EUSTACHE de la COCHARDIÈRE de la MARCHE

ANCIEN NOTAIRE A MAYENNE

ANGERS

IMPRIMERIE TYPOGRAPHIQUE P. DESNOES

26, Boulevard du Château, 26

1909

NOTICE

Sur le projet de la loi relatif à la responsabilité pécuniaire
des juges pour faute lourde professionnelle

Voté, par le Sénat, le 2 Mars 1909

Soumis, actuellement, à la Chambre des Députés

PAR

C. EUSTACHE de la COCHARDIÈRE de la MARCHE

Messieurs les Députés,

Le 2 mars 1909, le Sénat a voté un projet de loi sur la liberté
individuelle, la perquisition domiciliaire, et la responsabilité pécuniaire des juges pour faute lourde professionnelle

La Chambre des Députés va être appelée, à son tour, à se pro-
noncer sur ce projet de loi.

La Commission des réformes judiciaires de cette Chambre a été
chargée d'émettre son avis et de faire un rapport sur cette matière.

Cette Commission — qui n'est composée que de députés-avocats
— paraît se refuser à admettre la responsabilité pécuniaire des juges
pour faute lourde : car elle a distrait de ce projet de loi l'article
10 du Code d'instruction criminelle pour en faire voter l'abroga-
tion, ajournant ainsi indéfiniment le surplus.

Je viens, dans cette situation, soumettre à MM. les Députés quelques réflexions pour leur faire voir l'impérieuse nécessité de voter la
responsabilité pécuniaire des juges pour faute lourde professionnelle.

Ces réflexions complètent ma brochure contenant mes amen-
dements au vote émis par le Sénat, le 2 mars 1909, sur la responsabilité pécuniaire des juges et que j'ai envoyée à tous les députés en
mai 1909.

RESPONSABILITÉ, AVANT 1806, DES JUGES POUR FAUTES PAR EUX FAITES.

Sous le règne des premiers Rois de France, les juges étaient irresponsables des fautes qu'ils commettaient. Mais les abus devinrent si
grands qu'il fallut les rendre responsables.

Plusieurs Ordonnances furent promulguées à ce sujet. La dernière
ordonnance, qui complétait les précédentes, porte la date de 1579. Elle
dit ceci : « Les juges peuvent être pris à partie (1) lorsqu'ils ont jugé
« par dol, fraude ou concussion; ou que les cours trouvent qu'il y a
« **faute manifeste** du juge pour laquelle il doit être condamné en
« son nom ».

(1) Cette expression juridique « pris à partie » veut dire qu'ils peuvent être poursuivis en
dommages et intérêts.

SUPPRESSION, EN 1806, DE LA RESPONSABILITÉ DES JUGES POUR FAUTES PAR EUX FAITES.

Sous le Consulat, une Commission fut chargée de la refonte du Code de procédure civile où était inscrite la responsabilité des juges pour faute manifeste.

Le premier souci de cette Commission, **qui n'était composée que de juges,** fut de soustraire tous les juges à la responsabilité pécuniaire pour faute manifeste en ne la maintenant pas dans le Code de procédure qu'elle était chargée d'élaborer.

Les législateurs d'alors, plus préoccupés des guerres de Napoléon Ier que des affaires intérieures de la France, ne s'aperçurent pas de la supercherie de la Commission. Ils votèrent, le 17 avril 1806, la refonte du Code de procédure civile telle qu'elle leur fut soumise, sans discussion, ainsi que l'attestent les journaux de l'époque.

La responsabilité pécuniaire des juges se trouva ainsi supprimée par le vote de cette loi.

CONSÉQUENCES DE LA SUPPRESSION DE LA RESPONSABILITÉ DES JUGES

§ Ier

Tribunaux civils et correctionnels

Pendant tout le temps que les juges furent responsables des fautes manifestes qu'ils faisaient, les tribunaux rendirent la justice honnêtement et loyalement. Les recueils judiciaires de ce temps là en font foi.

Après la suppression de la responsabilité des juges, la justice ne fut pas toujours faite honnêtement et justement par les Tribunaux ; quantité de jugements furent rendus : soit par haine, jalousie, ou complaisance, surtout dans les petites villes ou les plaideurs et les juges se connaissent ; soit pour être agréable à l'avocat ou à l'avoué de l'un des plaideurs ; soit encore pour d'autres motifs inavouables.

Jugements civils

Ainsi, **sans encourir de responsabilité**, des Tribunaux :

— Ont apprécié, dans leurs jugements, la conduite d'une personne, même étrangère au procès, de façon à lui nuire (1) ;

— Ont injurié et diffamé, dans leurs jugements, des plaideurs (2) ;

— Ont violé les lois qu'ils sont chargés d'appliquer (3) ;

— Ont jugé contrairement à la jurisprudence de la Cour de cassation qui est, cependant, la Cour régulatrice (4) ;

— Ont prononcé des condamnations iniques (5) ;

— Ont commis des fautes les plus monstrueuses (6) ;

— Ont rendu des jugements de complaisance, si je ne me trompe et dont s'est désintéressé le ministère public qui est pourtant partie au procès, en reconnaissant à des réactionnaires des noms nobiliaires sur la production de quelques pièces seulement et d'une possession

---

(1) Sirey, Code de procédure civile annoté, art. 505, n° 30.
(2, 3, 4 et 5) Voir, dans les recueils judiciaires, les nombreuses décisions rendues à ce sujet.
(6) Idem, Adde ; Voir Sirey, Code de procédure civile annoté, art. 505, n° 28.

peu longue avant 1790 (1) puisqu'il est de jurisprudence constante qu'il faut, pour que ces noms soient reconnus, une longue possession, publique, et non interrompue antérieure à 1790 appuyée de nombreuses pièces authentiques aussi antérieures à 1790 (2) ;

— Ont taxé au profit d'avoués des frais et honoraires qui ne leur étaient pas dus (3) ;

Jugements correctionnels

Toujours, **sans encourir de responsabité,** des Tribunaux ont condamné des innocents à la prison sans prendre la peine d'ordonner une enquête plus complète, qui aurait démontré leur innocence.

Parmi ces nombreuses condamnations, il suffira d'en citer deux, à titre d'exemple, pour être édifié :

— Le Tribunal correctionnel de Mayenne a condamné, pour abus de confiance, un citoyen honorable, à treize mois de prison qu'il a subis en partie quand il a été acquitté par la Cour d'appel d'Angers en mars 1892 (4) ;

— Le Tribunal correctionnel de Caen a, en 1905, condamné à quatre mois de prison, qui furent maintenus par la Cour d'appel de Caen, un militaire en congé, pour vol d'une bicyclette dont il fut ensuite reconnu innocent par la Cour de Rennes à la suite d'un arrêt de la Cour de cassation ; mais il n'en avait pas moins fait six mois de prison préventive (5).

Toujours, **sans encourir de responsabilité,** des Tribunaux ont infligé des condamnations inexplicables à la prison. Il d'en rapporter une pour les faire entrevoir toutes :

Il s'agit d'un avocat. Un jour, accompagné d'une dame, il se rendit, il y a quelques années, dans un lieu désert à l'abri des regards du public. Mais il y fut, à son insu, suivi par des curieux qui racontèrent qu'ils l'avaient vu commettre là un outrage public à la pudeur.

Le Tribunal de Saint-Nazaire condamna l'avocat et la dame à plusieurs mois de prison pour ce fait et la Cour d'appel de Rennes confirma la décision.

Mais à la suite d'un pourvoi, la Cour de cassation cassa l'arrêt de la Cour de Rennes en disant qu'il n'y avait pas eu d'outrage public à la pudeur parce que d'une part le lieu n'était ni public ni exposé aux regards du public, et parce que d'autre part il ne pouvait y avoir d'outrage public à la pudeur envers des curieux qui, indélicatement,

---

(1) Bordeaux, 14 janvier 1861 (D. P. 62. 2. 21) 2 actes antérieurs à 1790 constatant une possession de 3 ans seulement ont été produits ; — Lyon, 24 mai 1865 (D. P. 65. 2. 163) 2 actes antérieurs à 1790 constatant une possession de 3 ans seulement ont été produits ; — Laval, 27 décembre 1881, un seul acte antérieur à 1790 constatant une possession de 9 ans seulement a été produit ; — Rennes, 19 février 1890, un seul acte antérieur à 1790 constatant une possession de 4 ans seulement a été produit ; — Mayenne, 25 novembre 1896, 4 actes antérieurs à 1790 ont été seulement produits (*Journal de Laval*, du 4 avril 1897, dissertation ; — Laval, 12 août 1898, 2 actes antérieurs à 1790 constatant une possession de 4 ans seulement ont été produits.

(2) Voir notamment : Seine, 2 juillet 1823 (J. G. Nom. rep., 518) ; Douai, 29 avril 1852 (D. P. 53. 2. 227) ; Wassy, 31 décembre 1858 (*I. du Pal.* 1859-631) ; Bourges, 18 mai 1859 (D. P. 61. 1. 176) ; Lyon, 29 novembre 1859 (D. P. 61. 1. 176) ; Poitiers, 19 décembre 1867 (D. P. 69. 1. 413) ; Bourges, 8 janvier 1889 (D. P. 89. 2. 271) ; Lyon, 14 juin 1895 (*Gaz. Pal.* 95. 2. 439) ; Rennes, 29 mars 1900 (*Gaz. Pal.* 01. 2. 517) ; Angers, 12 août 1901 (D. P. 02. 2. 210, (devant la Cour, il avait été produit 30 pièces qui ont été jugées insuffisantes ; Mayenne, 13 août 1902 (D. P. 03. 2. 222) ; — Cassation 17 décembre 1860 (D. P. 61. 1. 176) ; Cassation 15 janvier 1861 (D. P. 61. 1. 176) ; Cassation 5 janvier 1863 (D. P. 63. 1. 452) ; Cassation 25 mai 1869 (D. P. 69. 1. 413) ; Cassation 22 octobre 1901 (*Gaz. Pal.* 01. 2. 517).

(3) Voir, dans les recueils judiciaires, les nombreuses décisions rendues à ce sujet, et le *Journal de Laval* des 20 et 22 octobre 1897 ; Observations.

(4) *L'Avenir de la Mayenne* du 13 mars 1892.

(5) *La Lanterne* du 6 novembre 1905.

sans scrupule, ni pudeur, avaient suivi deux amants dans un lieu désert pour voir ce qui allait se passer.

Toujours, **sans encourir de responsabilité,** des Tribunaux ont condamné des prévenus à des peines d'amende et de prison excessives eu égard au délit commis.

Les décisions suivantes, prises parmi celles si nombreuses qu'on trouve dans les journaux, suffiront pour démontrer l'état d'esprit des Tribunaux :

— Le Tribunal correctionnel de Saumur a condamné un honorable négociant à 10 mois de prison pour avoir écrit à un magistrat qu'il n'était pas intelligent (1);

— Le même tribunal a condamné à 13 mois de prison un citoyen qui avait écrit à un juge d'instruction qu'il lui ferait servir pour son dîner, tel jour, à la meilleure auberge de la ville, un picotin d'avoine et une botte de foin, pendant qu'il se ferait donner une excellente côtelette d'agneau (2);

— Le Tribunal correctionnel de la Seine a, le 14 janvier 1909, condamné à 18 mois de prison un propriétaire pour avoir écrit une lettre injurieuse au président d'une section de la Cour de Paris (3).

Toujours, **sans encourir de responsabilité,** des Tribunaux ont prononcé des acquittements scandaleux.

Il suffira d'en rapporter deux pour être édifié :

— Le Tribunal correctionnel de Mayenne a, le 5 novembre 1897, acquitté le journal *Mayenne-Journal* qui avait dit que tel fermier de la commune de Châtillon s'était livré un grand nombre de fois sur son jeune domestique à des attouchements obcènes et à des actes de pédérastie alors que c'était complètement faux ainsi qu'il résulte d'un procès-verbal de gendarmerie.

Le fermier diffamé avait réclamé 10.000 francs de dommages et intérêts pour réparation du préjudice causé. Au lieu de lui accorder une indemnité, le Tribunal, en rejetant sa demande, le condamna à tous les frais du procès.

— Le Tribunal correctionnel de Chambéry a, le 7 décembre 1903, acquitté des prévenus coupables d'avoir publié dans les journaux *Le Savoyard* et *L'Indicateur* que le Conseil d'administration d'Aix-les-Bains avait donné une forte somme à une personne politique en vue d'étouffer une poursuite correctionnelle, ce qui était complètement faux (4).

Quelques fois, il se trouve des juges d'appel que ces acquittements scandaleux indignent et qui, pour cette cause, le proclament hautement dans les motifs de leur arrêt.

Je citerai un cas seulement. Il s'est produit au sujet du jugement rendu par le Tribunal correctionnel de Chambéry le 7 décembre 1903. La Cour de Chambéry a rendu, en janvier 1904, un arrêt dans les termes suivants, qui marquent bien son indignation envers les juges de première instance (5).

« Attendu, dit-elle, qu'on ne s'explique pas que les juges aient « acquitté le prévenu en s'appuyant sur des faits absolument inac- « ceptables et dont ils n'ont pas envisagé la portée ni aperçu quelle

(1 et 2) *L'Autorité,* du 15 juillet 1898.
(3) *Le Petit Journal,* du 12 février 1909.
(4 et 5) *La Lanterne,* du 17 janvier 1904.

« doctrine pernicieuse et illégale pourrait s'en suivre ; et qu'il y a
« donc lieu de mettre à néant leur décision. »

Les juges de la Cour de Chambéry laissent entendre, par les
motifs qui précèdent leur arrêt, que les juges du Tribunal de
Chambéry sont : ou des juges malhonnêtes s'ils ont voulu atteindre
un personnage politique qui avait été diffamé ; ou des juges incapables s'ils n'ont pas compris la portée de leur jugement.

Juges et plaignants

Les juges sont, parfois, juges et plaignants, **jugeant ainsi leur
propre cause.** Ils devraient, dans ce cas, se montrer paternels. C'est
le contraire : lorsque, sous l'indignation d'une condamnation qu'ils
n'ont pas méritée, des plaideurs les injurient, à l'audience, ces
robins, qui se croient les égaux de Dieu, font pleuvoir sur ces mal-
heureux des condamnations exorbitantes, **sans encourir de responsabilité.**

Ainsi, la Cour d'appel de Nancy, (1) a appliqué à des prévenus
pour avoir appelé leurs juges veaux, cochons, vaches, le tarif suivant :

Pour veaux 2 ans de prison ;
Pour cochons 3 ans de prison ;
Pour vaches 4 ans de prison.

Les Tribunaux correctionnels de Dreux et de la Seine ont un tarif
dans le genre de celui de la Cour de Nancy, comme on va le voir :

Le Tribunal de Dreux a, par jugement rendu en octobre 1901,
condamné un citoyen à 2 ans de prison pour avoir appelé ses juges
tyrans (2).

Le Tribunal de la Seine a, le 21 janvier 1909, infligé 2 ans de
prison à un honorable citoyen pour une phrase que ses juges ont
crue injurieuse pour eux quoiqu'il prétendît le contraire (3).

Le tarif du Tribunal correctionnel de Château-Gontier est plus
élevé : Ce Tribunal a condamné à 5 ans de prison un prévenu qui
avait traité ses juges d'abrutis (4).

Il est inutile de continuer la nomenclature de ces condamnations :
c'est toujours la même répétition. Le tarif, pour injures adressées
aux juges à l'audience, varie entre 2 et 5 ans de prison. Ce sont des
condamnations abominables.

Semblables injures adressées par la voie de la presse ou verbale-
ment à un sénateur, un député, ou à un très haut fonctionnaire, ne
coûtent, **au maximum,** à l'auteur que 3 mois de prison (Loi du 29
juillet 1881, art. 33).

La Cour d'assises de Nantes a, le 5 septembre 1906, appliqué la loi
du 29 juillet 1881 en ne condamnant qu'à 3 mois de prison un citoyen
qui avait appelé, à l'audience, ses juges vaches (5). Mais cette jurisprudence, qui est la seule que les juges devraient appliquer, n'est
jamais suivie.

§ 2

Juges d'instruction

Pendant le temps que les juges d'instruction furent responsables
des fautes manifestes qu'ils commettaient, ils ne firent jamais d'arrestations abusives, ou arbitraires.

(1) *L'Autorité,* du 10 octobre 1894. Lire l'article humoristique de Paul de CASSAGNAC.
(2) *Le Petit Journal,* du 11 octobre 1901.
(3) *Le Petit Journal,* du 20 février 1909.
(4) *L'Autorité,* du 15 juillet 1898.
(5) *Le Petit Journal,* du 7 septembre 1906,

Depuis l'abolition de leur responsabilité, les juges d'instruction se sont signalés par des arrestations abusives et arbitraires profondément attristantes, **sans encourir de responsabilité.**

.C'est ainsi qu'on a vu :

— Le juge d'instruction de Mayenne M. Weiller faire subir, sur de simples dénonciations anonymes, pour découvrir l'auteur d'un infanticide, la visite médicale à 9 jeunes filles de Saint-Aubin-du-Désert qui furent reconnues vierges (1) ;

— Un juge d'instruction de la Seine mettre en prison préventive, parce qu'il portait le même nom que le coupable découvert plus tard, un négociant en quincaillerie de Paris, jouissant d'une grande honorabilité et qui, de désespoir, se pendit dans son cachot (2) ;

— Un juge d'instruction de la Seine détenir en prison préventive pendant 47 jours, sur de vagues soupçons, un employé du Crédit Lyonnais de Paris, jouissant de l'estime et de la considération de ses concitoyens, et dont l'innocence a été ensuite reconnue (3) ;

— Le juge d'instruction de Laval M. Marchesseau maintenir durant 2 mois en prison préventive un homme marié, commerçant, accusé d'attentat à la pudeur sur une fillette de 12 ans, par cette seule fillette qui avait intérêt à le faire condamner pour obtenir de lui comme conséquence des dommages et intérêts, et que la Cour d'assises de la Mayenne a acquitté le 14 janvier 1902 (4) ;

— Le même juge d'instruction de Laval M. Marchesseau faire arrêter et garder en prison préventive, sous l'inculpation d'achat d'or volé à la Lucette, deux innocents, honorables bijoutiers, malgré leurs dénégations, leur bonne foi évidente, et que la Cour d'assises de la Mayenne a acquittés le 7 juillet 1909 (5) ;

— Le juge d'instruction de Carcassonne détenir en prison préventive un ancien avoué, pendant près de 3 mois, pour des faits que la Chambre des mises en accusation de la Cour de Montpellier a, quand elle en a été saisie, proclamés ni délictueux, ni criminels, par arrêt du 23 février 1902 (6) ;

— Le juge d'instruction de Mayenne M. Blandin faire arrêter et maintenir en prison préventive, pendant plus de 2 mois, un notaire de Landivy pour des faits que la Chambre des mises en accusation de la Cour d'Angers a, quand elle a été appelée à en connaître, en 1888 ou 1889, qualifiés de litiges civils, ne donnant lieu à aucune

---

(1) *L'Autorité*, du 24 avril 1895, sous la signature de Paul de CASSAGNAC. *Le Journal*, des 16, 17 ou 18 août 1896, sous la signature de SEVERINE.

(2) *La Lanterne*, du 18 février 1897. *Journal Officiel*, du 8 avril 1897 ; interpellation de M. MOUGEOT, député ancien ministre de l'Agriculture.

(3) *Le Soleil*, du 5 février 1897.

(4) *L'Echo de la Mayenne*, du 2 février 1902. Lettre ouverte à M. d'ELVA, député ; *Journal de Laval*, du 15 janvier 1902.

(5) Je signale ce fait à la demande d'un républicain M. Le Bouc de la Boutteillère, propriétaire, adjoint au maire de Fougerolles-du-Plessis, membre du jury de la Mayenne à la session de juillet 1909, qui a été profondément indigné de la détention en prison de ces deux honorables commerçants, qui ignoraient que l'or acheté par eux provenait des vols de la Lucette.

L'un d'eux M. Le Theic, après un premier interrogatoire, n'a subi un interrogatoire *complet*, suivant une lettre de son avocat, que quinze jours après son arrivée à la prison de Laval. Après son interrogatoire *complet*, il a été mis en liberté provisoire. S'il avait subi un interrogatoire *complet* aussitôt après son arrivée à Laval, il paraît vraisemblable qu'il ne serait resté en prison qu'un jour. Mais tout est permis à ce juge d'instruction !!!

Le juge d'instruction de Laval, qui a détenu si abusivement ces deux bijoutiers, est le même, qui, en octobre 1905 (affaire Ridel), chargé de découvrir l'auteur d'une fausse signature, a perquisitionné chez le plaignant qui n'avait à son service qu'une domestique, pour découvrir le faussaire !!!. Ce magistrat n'a pu arriver à trouver le faussaire bien qu'il lui ait été démontré, par un copie-lettres, que le faux avait été commis à l'aide de la signature du plaignant, apposée au bas d'une note comminatoire, que celui-ci avait envoyée au commissaire de police de Laval M. Ratte auquel il faisait un procès pour abus d'autorité.

Ce juge d'instruction figure sur le tableau d'avancement !!!

(6) *Le Petit Journal*, du 24 février 1902.

action pénale, et qui n'ont même pas fait, ensuite, l'objet d'une poursuite disciplinaire ;

— Le juge d'instruction de Bordeaux retenir en prison préventive,
pendant 18 mois, un honorable commerçant, sous l'inculpation de
faux, en écriture publique, alors que si le juge d'instruction avait
vérifié, de suite, la comptabilité de ce commerçant, il se serait aperçu
immédiatement qu'il n'y avait ni vol, ni faux en écriture (1) ;

— Un des juges d'instruction de la Seine M. Huet faire incarcérer
un inculpé et le garder en prison préventive, pendant 54 jours, au
cours desquels il ne l'interrogea qu'une seule fois (2) ;

— Un juge d'instruction de la Seine faire mettre en prison préventive un citoyen et l'y oublier pendant 6 mois au bout desquels, à
la suite d'une instruction, son innocence fut reconnue (3) ;

— Un juge d'instruction de la Seine M. Danion garder en prison
préventive sur des soupçons vagues car il n'y avait aucune présomption sérieuse de culpabilité :

Une femme Choquart, pendant 5 mois, au bout desquels il l'a
reconnue innocente (4) ;

Un sieur Pelissier, pendant 7 mois, à la suite desquels la Cour
d'assises de la Seine le reconnut innocent, ainsi que le ministère
public chargé de réquérir contre lui (5) ;

— Le juge d'instruction de Blois faire mettre en prison préventive
un journalier sous l'inculpation d'assassinat, bien qu'il prouvât qu'il
était chez ses maîtres le jour du crime, sous prétexte que sa blouse
était tachée de sang, et ne le relaxer que quand il fut établi que ce
prétendu sang n'était que de la..... peinture, ce qui demanda
3 mois (6) ;

— Le juge d'instruction de Corbeil M. Régismanset faire incarcérer
16 citoyens à l'occasion des évènements de Villeneuve-St-Georges et
ne relaxer ces innocents qu'après leur avoir fait subir 3 mois de
prison préventive (7) ;

— Un juge d'instruction de la Seine M. Lemercier maintenir en
prison préventive pendant 52 jours et faire ensuite condamner, sans
preuve, à 7 ans de travaux publics pour complicité de meurtre, un
homme que la victime n'a pas même reconnu, et dont l'innocence a
été proclamée par la Cour de cassation à la suite d'une action en
révision (8) ;

— Un juge d'instruction de Lille faire subir, sans présomption
grave de culpabilité, 6 mois de prison préventive au frère Flami-
dien de la Doctrine chrétienne inculpé d'assassinat et dont l'innocence fut ensuite reconnue en 1899 (9) ;

— Le juge d'instruction de Saint-Quentin M. Jourdan faire condamner à mort un commis principal des contributions indirectes
dont l'innocence éclatait aux yeux des gens impartiaux (10) ;

— Un juge d'instruction de la Seine M. Mayer conserver en prison
préventive pendant 70 jours, sous prétexte de chantage M. Jacques
Saint-Cère, rédacteur au *Figaro*, et qui fut acquitté ensuite par le
tribunal correctionnel de la Seine (11) ;

(1) *Journal Officiel*, du 11 février 1902. Interpellation de M. Charles Bernard, député,
(2) *L'Eclair*, du 8 novembre 1897 ; *L'Autorité*, du 10 novembre 1897.
(3) *Le Petit Journal*, du 22 février 1897.
(4 et 5) *Journal Officiel*, du 7 avril 1897 ; Interpellation de M. Viviani, député, ministre du
Travail ; *Le Petit Journal*, du 22 février 1897.
(6) *L'Autorité*, du 21 février 1897 et *Le Petit Journal*, du 8 février 1897.
(7) *Le Petit Journal*, du 1er novembre 1908.
(8) *Journal Officiel*, du 11 février 1902. Interpellation de M. Charles Bernard.
(9) *L'Autorité*, du 21 mars 1899.
(10) *Le Matin*, des 7, 10, 17, 29 août 1903, 5, 10, 19, 18 septembre 1903, 31 octobre 1903
et 1er novembre 1903.
(11) *L'Autorité*, du 2 février 1897.

— Le juge d'instruction d'Uzès faire arrêter M. Fernand de Vaucroze en l'inculpant, sans présomption grave de culpabilité, d'avoir assassiné sa propre mère, et ne relaxer cet innocent qu'après l'avoir gardé 86 jours en prison préventive (1) ;

— Le juge d'instruction de Rennes faire mettre en prison préventive, sur la simple dénonciation de la plaignante, un honorable boulanger de Rennes et l'y conserver durant 3 mois pour un prétendu attentat à la pudeur sur sa bonne qu'il avait chassée de sa maison laquelle avait intérêt à l'accuser pour obtenir des dommages et intérêts, mais que la Cour d'assises a acquitté (2) ;

— Un juge d'instruction de la Seine M. Josse faire mettre, comme anarchiste, un sieur Alexis D..., en prison préventive où il est resté 72 jours à la suite desquels un autre juge d'instruction le renvoya en disant qu'aucun fait délictueux n'avait été relevé contre lui (3) ;

— Le juge d'instruction de Senlis M. Hudelot faire mettre en prison préventive un chef de gare sous l'inculpation de détournement de valeurs, et ne le relaxer qu'après lui avoir fait subir 2 mois de prison pour reconnaître son innocence (4) ;

Il est inutile de continuer la nomenclature de ces arrestations arbitraires et abusives, qui, d'après M. Charles Bernard député (5), s'élèvent, chaque année, à plus de **dix mille** : car une plus longue énumération ne servirait à rien, le public étant, depuis longtemps, fixé sur les forfaits commis par les juges d'instruction.

RESPONSABILITÉ DES PARTICULIERS. — IRRESPONSABILITÉ DES JUGES.

Tous les particuliers sont en France, **responsables** des **fautes** qu'ils commettent par leur fait, ou par leur négligence, ou leur imprudence. Cette responsabilité résulte des articles 1382 et 1383 du Code civil.

Au contraire, les juges **sont,** dans l'état actuel de nos lois, **irresponsables** des **fautes** qu'ils commettent par leur fait, ou par leur négligence, ou par leur imprudence.

C'est là une inégalité intolérable.

RESPONSABILITÉ DES PARTICULIERS MANDATAIRES. — IRRESPONSABILITÉ DES JUGES MANDATAIRES.

Les particuliers, en qualité de mandataires de leurs concitoyens **sont,** d'après l'article 1992 du Code civil, **responsables** des **fautes** qu'ils font dans l'exercice de leur mandat.

Au contraire, les juges en qualité de mandataires de la nation, ne **sont** point **responsables** des **fautes** qu'ils commettent dans l'exercice de leur mandat.

C'est inadmissible.

(1) *Le Matin*, du 13 mars 1905.
(2) *L'Ouest-Éclair*, du 9 février 1906.
(3) *L'Autorité*, du 14 novembre 1894.
(4) *Le Matin*, du 16 avril 1906.
(5) *Journal Officiel*, du 11 février 1902. Discours de ce député.

RESPONSABILITÉ DES FONCTIONNAIRES. — IRRESPONSABILITÉ DES JUGES.

Les fonctionnaires publics de l'ordre administratif **sont responsables** des fautes graves qu'ils commettent dans l'exercice de leurs fonctions. La jurisprudence de la Cour de cassation est formelle à cet égard (1).

Au contraire, les fonctionnaires de l'ordre judiciaire qui comprennent les jugés **sont irresponsables** des **fautes graves** qu'ils font dans l'exercice de leurs fonctions.

Pourquoi faire une situation meilleure aux fonctionnaires de l'ordre judiciaire qu'aux fonctionnaires de l'ordre administratif ?
Il n'y a pas de motif valable. Cette situation privilégiée ne peut et ne doit pas subsister plus longtemps.

RESPONSABILITÉ DES OFFICIERS DE POLICE. — IRRESPONSABILITÉ DES JUGES D'INSTRUCTION QUOIQUE OFFICIERS DE POLICE.

Les officiers de police judiciaire désignés en l'art. 9 du Code d'instruction criminelle **sont responsables** des perquisitions illégales (art. 184 Code pénal), des voies de fait, et des violences qu'ils commettent (art. 186 Code pénal).
Ainsi, le maire d'une commune des environs de Jarnac a été **condamné à 2 mois de prison et à des dommages et intérêts,** le 30 mars 1908, par la Cour correctionnelle de Bordeaux, pour avoir, comme officier de police judiciaire, perquisitionné, illégalement, au domicile d'un particulier. Cet arrêt a été sanctionné par la Cour de cassation, le 25 juin 1909 (2).

Au contraire, les juges d'instruction, quoique officiers de police judiciaire d'après l'art. 9 du Code d'instruction criminelle et la jurisprudence (3), **ne sont point responsables** des perquisitions illégales, ni des voies de fait, ou violences qu'ils commettent (4).
Quelques faits vont édifier, à ce sujet, MM. les Députés :

Le juge d'instruction d'Etampes M. Germain a, **sans encourir de responsabilité,** perquisitionné entre 10 heures du soir et minuit — heure illégale — au domicile d'un citoyen pour découvrir un prétendu crime d'infanticide dont la femme a été reconnue innocente (5).
D'après l'art. 76 de la loi constitutionnelle du 22 frimaire an VIII, « la maison de toute personne habitant le territoire français est un « asile inviolable, et, pendant la nuit, nul n'a le droit d'y entrer que « dans les cas d'incendie, d'inondation, ou de réclamation faite de « l'intérieur de la maison ».
La perquisition du juge d'instruction d'Etampes était, donc, illégale puisqu'elle a été faite pendant la nuit et qu'il n'y avait ni incendie, ni inondation, ni réquisition ou réclamation venant de l'intérieur de la maison. C'est, incontestablement, une violation formelle de l'art. 76

(1) Arrêts des 3 août 1874 (D. P. 76. 1. 297) ; 8 février 1876 (D. P. 76. 1. 296) ; 10 décembre 1879) (D. P. 80. 1. 33) ; 12 mai 1880 (D. P. 80. 5. 90. 39) ; 4 août 1880 (D. P. 81. 1. 454) ; 26 mai 1897 ; Tribunal des Conflits du 13 décembre 1879 (D. P. 80. 3. 98).
(2) *La Lanterne*, du 28 juin 1909 ; *La Gazette des Tribunaux*, du 2 juillet 1909.
(3) Arrêt de la Cour de cassation du 15 novembre 1860 ; Code d'ins. crim. annoté de Dalloz, art. 9, n°° 1 et 2 de la section première, page 93.
(4) Arrêts de la Cour de cassation des 24 mai 1842 (S. 42. 1. 920) ; 31 juillet 1850 (S. 51. 1. 126).
(5) *Le Matin*, 19 décembre 1908.

de la loi du 22 frimaire an VIII ; mais tout est permis aux juges d'instruction !!!

Des juges d'instruction de la Seine, de Bayeux, et d'ailleurs se sont livrés, **sans encourir de responsabilité**, à des voies de fait et à des actes de violences sur des prévenus en ordonnant à des gendarmes de serrer le cabriolet du prévenu (1) ; en faisant venir au Palais de Justice, dès la première heure du matin, un prévenu pour l'interroger, et en l'y conservant jusqu'après la soupe du soir pour qu'il ne trouve en rentrant à la prison, pour toute nourriture, qu'un pot de riz coagulé, pâte ignoble et immangeable (2) ; en frappant un accusé (3) ; en tenant un inculpé trente-six heures sans manger (4) ; et en torturant une femme jusqu'au point de lui faire reconnaître d'avoir tué un enfant qui n'était pas encore né (5).

L'art. 82 de la loi du 22 frimaire an VIII qualifie de « crimes toutes « rigueurs employées dans les arrestations, détentions, ou exécutions « autres que celles autorisées par les lois.

Or, il est bien évident que tous les actes de violence et de voies de fait que je viens de signaler ne sont point autorisés par les lois ; mais sont, au contraire, punis par elles de prison.

L'art. 82 de la loi du 22 frimaire an VIII a, donc, été incontestablement violé ; mais tout est permis aux juges d'instruction !!!

NÉCESSITÉ DE RÉTABLIR LA RESPONSABILITÉ DES JUGES.

Juges des tribunaux

La responsabilité pécuniaire des juges des tribunaux s'impose pour dol, fraude, concussion, violation ou fausse application des lois ou de la jurisprudence de la Cour de cassation, condamnation à l'excès forte ou à l'excès faible, rejet de demande ou condamnation sans motif plausible, faute lourde professionnelle, violences et voies de fait, et pour avoir injurié ou diffamé les plaideurs, ou une personne étrangère aux débats.

La responsabilité pécuniaire des juges est, sans conteste, le **seul moyen infaillible** de forcer les juges malhonnêtes, ivrognes, ou insouciants, à rendre la justice honnêtement et justement.

Le rétablissement de cette responsabilité assurera la **justice égale pour tous les citoyens**, réclamée **unanimement.**

Lorsqu'elle sera rétablie, les juges apporteront à juger, pour éviter les actions en responsabilité, plus d'honnêteté que maintenant. Ils cesseront de juger soit par haine, passion, jalousie, ou insouciance ; soit pour être agréable à un avoué, ou à un avocat, ou à l'un des plaideurs ; soit pour d'autres motifs inavouables.

Quand les juges étaient, autrefois, responsables, ils n'étaient jamais pris à partie parce qu'ils ne commettaient point des fautes manifestes. Il en sera de même pour les juges actuels, quand leur responsabilité sera votée.

Juges d'instruction

La responsabilité pécuniaire des juges d'instruction s'impose pour arrestation, ou détention en prison **arbitraire** ou **abusive** d'un **innocent** et pour **voies** de fait et **violences.**

(1 et 2) L'*Autorité*, du 24 mars 1897.
(3) L'*Autorité*, du 24 mars 1897 ; *Le Petit Journal*, du 22 février 1897.
(4 et 5) *Le Journal de Laval*, du 16 avril 1897.

Elle s'impose d'autant plus qu'ils ont un **pouvoir formidable** : ils ont le droit d'arrêter, de garder en prison préventive **aussi longtemps qu'il leur plaît,** sur une simple dénonciation anonyme, ou sur la dénonciation d'un enfant qui dans son intérêt se prétend victime d'un attentat à la pudeur, le **citoyen,** le **plus honorable,** le **plus puissant,** et le **plus honnête** du monde.

Nulle autorité ne peut les en empêcher.

C'est effrayant, rien que de penser que notre fortune, notre honneur et celui de notre famille sont entre les mains des juges d'instruction qui sont **irresponsables** de leurs actes, pouvant ainsi commettre les plus grandes iniquités et les plus grandes infamies **sans avoir à payer d'indemnité, ni à rendre compte à qui que ce soit de ce qu'ils ont fait.**

On ne peut invoquer l'intérêt de la société pour justifier ces arrestations arbitraires, ou abusives : car il est préférable de laisser fuir à l'étranger un coupable, **dont la France sera débarrassée,** que d'arrêter un innocent dont l'emprisonnement, quelle qu'en soit la durée, le déshonorera pour toujours, en même temps qu'il sera la cause de **sa ruine complète** s'il est commerçant, fermier, industriel, médecin, avocat, avoué, ou notaire.

Les arrestations **abusives,** ou **arbitraires, ne cesseront** que du jour où les juges d'instruction **en seront rendus responsables pécuniairement.**

La responsabilité **pécuniaire** des juges d'instruction est le **seul moyen infaillible,** réclamé à l'unanimité, pour faire cesser ces arrestations, qui indignent si profondément tout le monde.

Lorsque la responsabilité des juges d'instruction sera rétablie, ceux-ci n'arrêteront plus et ne conserveront plus en prison des gens soit par haine, jalousie ; soit par insouciance ; soit pour d'autres motifs inavouables ; soit par imbécillité.

Les arrestations ne seront plus faites sans des présomptions graves, précises et concordantes, et les juges d'instruction ne maintiendront plus en prison un inculpé sans des motifs plausibles de culpabilité.

Lorsque les juges d'instruction étaient responsables, ils n'étaient jamais pris à partie parce qu'ils ne faisaient point d'arrestations abusives, ou arbitraires. Il en sera de même pour les juges d'instruction actuels, quand leur responsabilité sera votée.

LA RESPONSABILITÉ DES JUGES NE SERA PAS UN OBSTACLE À LEUR RECRUTEMENT.

Le rétablissement de la responsabilité pécuniaire des juges n'empêchera pas leur recrutement. Les candidats aux fonctions de juges seront aussi nombreux pour deux motifs, à savoir :

D'abord, parce que les fautes lourdes ne sont commises que par des juges incapables, ou malhonnêtes, ou insouciants ;

Ensuite, parce que l'action en dommages et intérêts ne pourra être intentée contre eux par le plaideur lésé qu'autant que celui-ci aura **préalablement** obtenu un arrêt de la Chambre des requêtes de la Cour de cassation **préjugeant fondée** son action en responsabilité.

Il en résulte que les juges sont, **par cet arrêt, à l'abri** de poursuites **téméraires, vexatoires,** ou **vindicatives** (I).

____

(1) Les fonctionnaires publics de l'ordre administratif ne sont pas garantis contre une poursuite téméraire, vexatoire, ou vindicative par un arrêt de la Chambre des requêtes de la Cour de cassation. Aussi, le Sénat a créé une situation privilégiée aux juges en n'autorisant la prise à partie contre eux qu'après un arrêt de la Chambre des requêtes de la Cour de cassation préjugeant fondée la demande en responsabilité.

Pendant que la responsabilité existait, les juges ne manquaient pas. Puisque le recrutement des magistrats se faisait alors si aisément, on ne voit pas pourquoi il n'en serait pas de même après le rétablissement de leur responsabilité.

La responsabilité pécuniaire des juges, telle qu'elle a été votée par le Sénat, n'est point un sujet de crainte pour les magistrats consciéncieux, justes, incorruptibles, instruits et tempérants. se consacrant uniquement à rendre la justice, sans haine, ni passion, ni jalousie, ni complaisance, puisqu'ils ne seront responsables que des fautes lourdes seulement, et non des fautes légères.

Or, s'ils commettent involontairement des fautes légères, ils ne commettront jamais des **fautes lourdes** que **volontairement**.

Les fautes lourdes ne sont, en effet, faites que par des juges vindicatifs, jaloux, complaisants, corrompus, ivrognes, inintelligents, incapables, insouciants, ou gâteux.

Il est, donc, de toute justice que les juges supportent, sur leurs biens, les conséquences des fautes lourdes qu'ils font.

L'ordonnance de 1579 ne faisait aucune distinction entre les fautes lourdes et les fautes légères : Les juges étaient responsables dans les deux cas. Il suffisait, pour que les juges fussent responsables, que la **faute fût manifeste**.

La responsabilité pécuniaire des juges votée par le Sénat n'est pas aussi étendue que celle de l'ordonnance de 1579 puisque les juges ne seront responsables que des fautes lourdes qu'ils commettront.

Pour les fautes légères qu'ils feront, aucune prise à partie ne pourra être faite contre eux.

Dans cette situation, il n'est pas possible que les députés ne votent pas cette réforme que tout le monde réclame.

AVOCAT-DÉPUTÉ — INTÉRÊT PERSONNEL — PARENTS

L'intérêt personnel des avocats-députés serait de s'opposer à cette réforme parce que les juges ne pourront plus en raison de leur responsabilité pécuniaire rendre en faveur de leurs clients des jugements qu'ils devaient équitablement perdre. Mais je, veux espérer qu'ils mettront, **comme l'ont fait les sénateurs-avocats**, l'intérêt général au-dessus de leur intérêt particulier en votant la responsabilité pécuniaire des juges.

A l'égard des députés qui ont des parents juges, j'aime à croire qu'ils feront aussi passer l'intérêt général avant l'intérêt particulier de leurs parents en votant cette réforme **comme l'ont fait les sénateurs qui sont dans le même cas.**

SECOURS PAR L'ÉTAT AUX INDIVIDUS RELAXÉS OU ACQUITTÉS

Le Garde des sceaux, M. Briand, a inscrit au budget de la justice de 1910 une somme de 10.000 francs, à titre indicatif, destinée à secourir les individus relaxés ou acquittés.

Toute la presse — à l'exception de quelques journaux qui n'ont pas approfondi l'inscription de ce secours — est unanime à désapprouver le Ministre de la Justice parce qu'on croit qu'il n'a eu d'autre but que de vouloir, par ce moyen détourné, empêcher la Chambre des Députés de voter le projet de loi sur la responsabilité pécuniaire des juges pour faute lourde professionnelle, adopté par le Sénat, le 2 mars 1909.

Si, en effet, l'Etat indemnise les victimes des juges pour les fautes lourdes qu'ils commettent en faisant des arrestations abusives ou arbitraires, il n'y a plus d'utilité de faire une loi autorisant les victimes à poursuivre leurs juges en paiement d'indemnité pour fautes lourdes professionnelles.

Le Parlement, en votant les 10.000 francs, consacrera le principe de la réparation pécuniaire par l'Etat **SEUL**, en même temps qu'il enterrera le projet de loi voté par le Sénat, le 2 mars 1909, qui rend les juges responsables pécuniairement des fautes lourdes professionnelles qu'ils commettent.

Cette innovation coûtera **aux contribuables** plus de **deux millions par an**, qui seront votés, chaque année, au cours de la session parlementaire, au moyen de crédits supplémentaires.

Et, il est à craindre que cette somme augmente tous les ans !!!

Que MM. les députés réfléchissent bien, avant de voter les 10.000 francs : car les élections législatives sont proches et **les électeurs n'admettront pas qu'on DÉCHARGE les juges des FAUTES LOURDES professionnelles qu'ils font pour que les contribuables les PAIENT pour eux.**

POURSUITES, ARRESTATIONS ET DÉTENTIONS EN PRISON A ANGERS

Au moment du tirage de cette brochure, j'apprends les poursuites, arrestations et détentions en prison suivantes :

A) Un sieur Fraquet charpentier à Denée a été poursuivi, pour un prétendu attentat à la pudeur, devant le Tribunal correctionnel d'Angers, qui a proclamé son innocence en l'acquittant (1).

B) Le juge d'instruction d'Angers a arrêté, pour un prétendu attentat à la pudeur, M. Tudoux fermier à Ingrandes et l'a gardé pendant trente-trois jours en prison au bout desquels il a reconnu son innocence (2).

c) Le juge d'instruction d'Angers a, encore, arrêté. il y a 15 jours, et maintient toujours en prison un père de famille de Tiercé pour un prétendu viol de sa fille âgée de 12 ans, bien que la visite médicale faite par deux médecins n'ait révélé ni viol ni trace d'actes de violence et que le père, qui nie énergiquement, prétende que sa fille a été poussée par sa femme avec laquelle il vit en mauvaise intelligence à faire cette dénonciation calomnieuse et qui a déposé comme témoin (3).

Voilà ce qui se passe, à Angers, depuis deux mois !!!

En présence de ces poursuites et arrestations d'innocents sur la **SIMPLE** dénonciation de jeunes filles ayant pu agir par vengeance, ou pour faire plaisir à une personne, **il n'y a plus de sécurité pour un homme.** Il suffira d'avoir parlé à une jeune fille, ou de l'avoir rencontrée, dans un chemin, une route, une rue où il n'y avait aucun témoin pour être mis en prison par le juge d'instruction, **s'il plait à cette** jeune fille de porter une accusation **pour attentat à la pudeur.**

En attendant le vote de la responsabilité pécuniaire des juges pour faute lourde, il est urgent que M. le Ministre de la Justice mette le juge d'instruction d'Angers dans l'impossibilité de nuire plus longtemps en lui retirant l'instruction.

(1) *Le Petit Courrier* d'Angers, du 12 septembre 1909.
(2 et 3) *Le Petit Courrier* d'Angers, du 16 septembre 1909.

D'un autre côté, il faut que le procureur de la République poursuive **d'office** les auteurs et surtout les complices des dénonciations calomnieuses.

C. EUSTACHE DE LA COCHARDIÈRE DE LA MARCHE

Ancien notaire à Mayenne

RENTIER, 11, boulevard Carnot, à ANGERS.

Angers, le 29 Septembre 1909.

www.ingramcontent.com/pod-product-compliance
Ingram Content Group UK Ltd.
Pitfield, Milton Keynes, MK11 3LW, UK
UKHW020123100726
13658UKWH00005B/2339